VENTE APRÈS DÉCÈS

HOTEL DROUOT, SALLE N° 1

Du Lundi 17 au Samedi 22 Décembre 1894

Vacations à 2 heures après midi et à 8 heures 1/2 du soir

— ✳ —

COLLECTION

ÉMILE LAGARDE

OBJETS D'ART

DE

CURIOSITÉ ET D'AMEUBLEMENT

Armes, Tableaux, Gravures

ENVIRON 5,000 PIÈCES

Me E. BARTAUMIEUX

COMMISSAIRE-PRISEUR

Rue Saint-Honoré, 281

M. B. LASQUIN	**M. A. BLOCHE**
EXPERT	EXPERT
Rue Laffitte, 12	Rue de Châteaudun, 28

EXPOSITION PUBLIQUE

Le Dimanche 16 Décembre 1894, de 1 heure 1/2 à 5 heures 1/2

PARIS — 1894

IMPRIMERIE MAULDE et RENOU

—

A. MAULDE & Cⁱᵉ

IMPRIMEURS DE LA COMPAGNIE DES COMMISSAIRES-PRISEURS

Rue de Rivoli. 144. — Paris

La Notice se trouve à :

PARIS ...... Chez Mᵉ BARTAUMIEUX, Commissaire-Priseur, 281, rue Saint-Honoré.

— M. B. LASQUIN, Expert, 12, rue Laffitte.

— M. **A.** BLOCHE, Expert, 28, rue de Châteaudun,

LONDRES ..... — M. F. DAVIS, 147, New Bond Street.

FRANCFORT .. — MM. GOLDSCHMIDT, joailliers-antiquaires, Rossmarkt.

BERLIN....... — M. Gustave LÉVY, 57 et 58, Wilhelm-Strasse.

ROME......... — M. PIATELLI, 34, via Furani.

AMSTERDAM.. — M. BOASBERG, 63, Kalverstraat.

CONDITIONS DE LA VENTE

Elle sera faite expressément au comptant.

Les Acquéreurs paieront CINQ POUR CENT en sus des enchères.

Il ne sera admis aucune réclamation une fois l'adjudication prononcée.

A. Maulde et Cⁱᵉ, imprimeurs de la Compagnie des Commissaires-Priseurs, rue de Rivoli, 144.   1000—46702

LA collection formée avec tant de soins par M. Emile Lagarde, se recommande à l'attention des amateurs par l'infinité des spécimens dans toutes les séries indiquant, pour le grand intérêt des collectionneurs d'armes et de bibelots, les transformations multiples de toutes ces choses usuelles ou décoratives.

Parmi les cinq mille pièces environ qui constituent cette collection, il en est un grand nombre qui, par leur travail, leur conservation et la rareté de leurs types, méritent tout particulièrement l'attention. Leur énumération nécessiterait une véritable préface que ne comporte pas la Notice descriptive, forcément assez sommaire, à laquelle nous avons dû nous soumettre.

C'est depuis plus de quarante ans que M. Emile Lagarde travaillait avec conscience et passion à la formation de ses collections. La première partie qu'il donna au musée d'Épinal, sa ville natale, en est aujourd'hui une des attractions, la seconde qui va être dispersée aux enchères et désignée dans la présente notice témoignera de l'érudition de celui qui l'avait constituée. Les musées des arts décoratifs et de province ou de l'étranger, les collections particulières, les antiquaires, les artistes y trouveront assurément des pièces intéressantes.

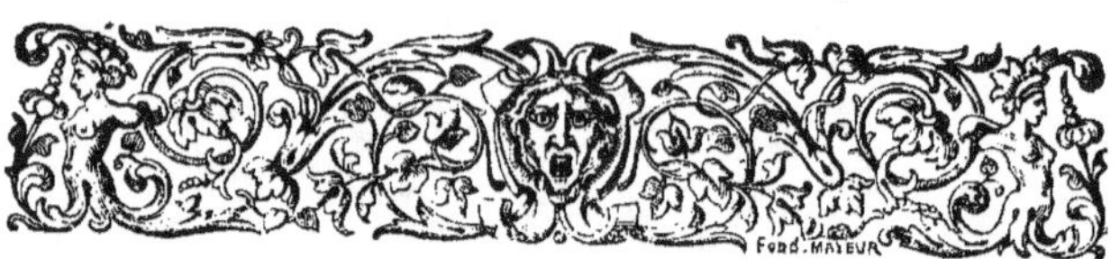

Désignation sommaire

ARMES EUROPÉENNES

Suite d'Épées, de Poignards, de Sabres, de Dagues des XVIᵉ, XVIIᵉ, XVIIIᵉ et XIXᵉ siècles, de formes française, italienne, espagnole, allemande et suisse, indiquant les transformations et les modes de ces armes depuis l'an 1500 jusqu'au règne de Napoléon III, offrant notamment de précieux spécimens de la première République, du premier Empire et de la Restauration.

Hallebardes, Pertuisanes, Lances des XVIᵉ et XVIIᵉ siècles.

Arquebuses, Arbalètes, Espingoles, Tromblons, Fusils de remparts, Mousquets, Fusils de guerre et de chasse, Armes de luxe, Pistolets de toutes formes, avec canons des manufactures et des arquebusiers les plus en renom de Belgique, de France, d'Angleterre, d'Espagne, d'Italie et d'Allemagne. Pièces de maîtres pourvues de cachets, bois finement sculptés et incrustés, canons damasquinés.

Éprouvettes, Poudrières, Étriers, Éperons, etc.

ARMES

ORIENTALES ET D'EXTRÊME-ORIENT

Armures japonaises, Fauchards, Sabres, Poignards.

Armes chinoises, siamoises et indiennes.

Suite de Sabres orientaux à lames de Damas gravées et
incrustées d'or, avec riches montures ciselées. Yata-
gans, Poignards, Pistolets, Fusils.

Kriss Malais à lames flamboyantes, Armes sauvages.

COUTEAUX

Couteaux de toutes formes : espagnols, italiens, français,
à riches montures, lames gravées des xvie, xviie et
xviiie siècles.

Couteaux de chasse, de veneurs, de gardes.

INSTRUMENTS DE SUPPLICES

Poignets de force, Cabriolets, Serre-Joints, Chaîne de
forçat.

FERS OUVRÉS

Intéressante collection de serrures et de Clés des xvie,
xviie et xviiie siècles : Cadenas, Appliques, Lampes,
Plateaux, Mouchettes, Fers à repasser, Flambeaux,
Lustres. Chenets, Ciseaux, Trépieds, Ustensiles
de foyer, Couverts de chasse et de voyage, Porte-
Montre, Coffrets, etc.

INSTRUMENTS DE MUSIQUE

Tambours, Tambourins, Chapeau chinois, Cithares,
Guitares, Mandolines, Lyres, Trompettes de hérauts
d'armes. Hautbois, Flûtes, Bassons, Clarinettes,
Vielles, Flageolets, Boîtes à musique de diverses
époques.

BRONZES ET CUIVRES

Deux beaux Chenets Louis XVI à figures de sphinx, en
bronze ciselé et doré (Provenant de la Collection
Marquis).

Cartels Louis XV et Louis XVI, et de styles, en bronze
doré.

Grand nombre de Médaillons en bronze, portraits de
célébrités tels que : Bonaparte, Kléber, Robespierre,

Marat, les Quatre Sergents de La Rochelle, l'Abbé
Lamennais, par DAVID D'ANGERS ; Charlotte Corday,
J.-J. Rousseau, Voltaire, M. d'Agoult, Louis-Phi-
lippe, Marie-Amélie, Alfred Mallot, l'Abbé de l'Épée,
Henri IV, Henri V, Corneille, Molière, Duchesse de
Berry, Victor Noir, Cavour, A. Dumas, par GAYRARD,
BERT, DEPAULIS, GUMÉRY, CARRIER, DUBOIS,, etc. ;
Masque de Lamartine ; Marat, par BRISSON ; Mariage
du Duc d'Orléans, par MONTAGNY, etc., etc.

Fragment de la Colonne Vendôme.

Statuettes, Figurines, Bustes, Bas-Reliefs, Vases, Animaux, Oiseaux en bronze patiné et bronze doré des
xviii° et xix° siècles ; Statuettes de Napoléon Ier,
Types militaires par FRÉMIET et autres : *la Garde
meurt et ne se rend pas, le Soldat laboureur*, Tombeau de Napoléon, bustes de Christophe Colomb,
Louis XVIII, Garibaldi ; Animaux par FRATIN et
MÈNE ; *les Duellistes*, de GUILLEMIN.

Petits Bronzes : Presse-Papiers, Porte-Cure-Dents,
Cachets, Pommes de cannes, Porte-Montre, Figurines, Allume-Cigares, Garnitures de bureaux, Encriers, **Collection nombreuse** de Sonnettes de toutes
les époques, dont un certain nombre formées par des
figurines telles que : J.-J. Rousseau, Madame de
Sévigné, Bayadères, Folies, Magiciennes, Chinois,
Pèlerins, Sonnettes franc-maçonniques, Clochettes
des Alpes bernoises, Grelots, etc.

Collection de Chandeliers, Flambeaux de bouillotte,
Bougeoirs, Lanternes, Lampes, Appliques, Porte-
Cierges de tous les styles, en cuivre, en bronze doré
et argenté, et en plaqué ; Mouchettes, Éteignoirs,
Porte-Allumettes, Boîtes à savon.

Chaufferettes, Bassinoires, Braseros, Réchauds, Samovars, Verseuses, Verrières, Bouillottes, Plats à barbe, Cafetières, Moulins à poivre, Salières, Fers à repasser et Porte-Fers, Ménagères, Moutardiers, etc.

Mortiers, Séries de poids.

Encensoirs, Crucifix bysantin et autres, Bénitiers, Calices, Burettes.

Ornements pour meubles, Porte-Embrasse.

Bronzes de la Chine et du Japon, Brûle-Parfums, lanternes, Figures, Animaux, Chimères, Miroirs, Masques japonais, Divinités indiennes en métal.

Cuivres de l'Orient : Plateaux, Buires en cuivre gravé, Objets persans, Émaux cloisonnés, Buires, Narguilés.

PIPES & TABATIÈRES

Très belle Collection de pipes des XVIIIe et XIXe siècles et de différents pays, la plupart avec riches garnitures d'argent : Pipes allemandes en porcelaine de Saxe, Pipes suisses en écume, bois et corne sculptés, Pipes du Tyrol, Pipes italiennes en verre de Venise filigrané et jaspé, Pipes diverses, flamandes et hollandaises, Pipes Louis XIV, Louis XV et Louis XVI, en racine de frêne, bruyère, écume, biscuit pâte tendre, noix de coco sculpté, bois de cerf, Pipes Empire en argent, Pipes à opium chinoises et japonaises en argent et en cuivre, avec incrustations de pierreries ; Pipes marocaines, Chibouques arabes, divers Etuis et Tuyaux de pipes, Fume-Cigare, etc.

Collection de Tabatières des XVIIIe et XIXe siècles d'une grande variété de formes, en or, en cuivre, en nacre, en écaille, Poudre d'écaille, Bois, Coco sculpté, Étain, Liège frappé, Cuir bouilli, Corne, Grès, Coquillage ; tabatières à secret, avec montre sur le couvercle, formes Soulier, Bateau, Courge, Frère ignorantin, dont plusieurs montées en argent et ornées d'incrustations.

Râpes à tabac des XVIIe et XVIIIe siècles, en écaille, cuivre gravé, ivoire bois sculpté.

ÉTAINS

Nombreuse collection d'Ustensiles en étain des XVIe, XVIIe et XVIIIe siècles et de style, un grand nombre avec ornements, inscriptions à marques : Canettes, Chopes, Gobelets, Théières, Verseuses, Mesures, Plats, Assiettes, Bols, Bassins, Soupières, Légumiers, Lampes, Cassolettes, Flambeaux, Boîtes à Saintes-Huiles, Vases, Écuelles, Calices, Poivrières, Coquetiers, Pichets, Burettes, Moutardiers, Pots à tabac, Boîtes à épices, Boîtes à pharmacie, Sucriers, Vase de nuit, Pots à eau, Cuvettes, Seringues, Cafetières, Encriers, Boîtes à poudre, Médaillons, Bourdaloues, etc.

FAÏENCES & PORCELAINES

Grande quantité de Faïences et Porcelaines anciennes et modernes.

Plats et Assiettes et Pièces diverses en faïence ancienne de Delft, Strasbourg, Montpellier, Rouen, Nevers, Varuges, Savone, Moustiers, Saint-Clément, Lunéville, etc.

Porcelaines du temps de l'Empire.

Porcelaines de Chine et du Japon.

Porcelaines de Saxe.

Poteries du Japon.

Groupes de Figures, Animaux, Figurines et grand nombre d'Objets d'étagère.

OBJETS EN ARGENT, BIJOUX
BIBELOTS

Boîte oblongue en or guilloché avec mosaïque de Rome.

Nombreux Ustensiles anciens en argent, tels que : Mouchettes avec plateau, Bougeoirs, petits Mortiers, Face à main Directoire, Lunettes, Plaques, Boucles de chaussures, Nécessaires, Pommes de canne, Tire-Bouchons, Boîtes, Tirelires, Tasses, Couteaux de poche, Cuillers à sucre, Fourchettes des xviie et xviiie siècles.

Bijoux, Montres anciennes à quantièmes, à répétition, à boîtiers émaillés en or, argent et cuivre ; Montres de voiture.

Médaillons, Colliers, Cœurs, Broches, Pendants d'oreilles, Croix, Bagues, Breloques en or et en argent.

Cadrans, Clefs et Mouvements de Montre, Châtelaines, Cachets, Objets en filigrane, Noix de coco montées en argent.

Boîtes en argent en vernis Martin, Bonbonnières, Étuis en nacre, en galuchat, Porte-Cartes.

Écrans à bougie, Dévidoires, Ivoires, Boîtes, Statuettes, Boutons japonais.

Éventails Empire, Louis XV, et Louis XVI à montures de nacre, d'ivoire et d'écaille, Éventails chinois.

Peignes et Diadèmes du temps de l'Empire, en argent doré, en cuivre doré, garnis de perles, de coraux et de pierres de couleur.

OBJETS DIVERS

Cannes de compagnon et de tambour-major, Cannes Louis XV à pomme d'argent, Cannes d'incroyables, Parapluies anciens.

Crucifix en ivoire, en bois et bronze.

Peignes en écaille, en corne, en ivoire de travail espagnol et indien, et divers.

Deux Tableaux : Monnaies et Médailles, or, argent,
Médailles en bronze.

Boîtes de Couverts en argenterie et en vermeil.

Coupe-Papier, Cachets en ivoire et en argent.

Objets chinois et japonais, Parasols, Objets de Perse.

Costume du général Tom-Pouce, Chapeau de Cardinal,
Costumes Louis XVI, Collection de Chaussures
anciennes et orientales.

Verrerie ancienne, Cristaux de l'Empire, Vitraux.

Lustre en verre de Venise.

Terres cuites, Groupes et Statuettes.

Décorations de la Légion d'honneur et de divers ordres.

Collections d'Insignes franc-maçonniques.

TABLEAUX, ESTAMPES, DESSINS

Tableaux anciens, Portraits Louis XIV, Portraits et
Sujets du XVIIIᵉ siècle.

Pastels, Gouaches.

Tableaux modernes, Aquarelles.

Miniatures anciennes et modernes.

Gravures en couleur en portefeuille des XVIIIᵉ siècle et
Empire.

Gravures encadrées.

MEUBLES ET BOIS SCULPTÉS

Horloge Louis XIV, en chêne.

Armoire Louis XIV, vitrée.

Chiffonnier, Bureau à cylindre en marqueterie Louis XVI,
avec attributs révolutionnaires, Encoignures, Com-
mode et divers Meubles en marqueterie hollandaise.

Sièges, Fauteuils flamands en chêne sculpté, Chaises
italiennes et hollandaises en bois incrusté.

Coffre à bois du XVIe siècle avec garniture en fer.

Glaces diverses et Miroirs.

Guéridons écrans.

Pendule style gothique.

Réduction du tombeau d'Héloïse et Abeilard, ·modèles
de tombeaux.

Baromètres et Thermomètres en acajou et bois sculpté.

Porte-Montres, Moulins à poivre, Dévidoir en bois
sculpté, acajou et palissandre anciens et moderne.

Panneaux et médaillons en bois sculpté.

Meubles divers de chambre à coucher, de salon et de
salle à manger.

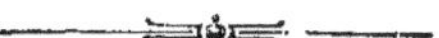

www.ingramcontent.com/pod-product-compliance
Lightning Source LLC
LaVergne TN
LVHW010803180726
843502LV00011B/4310